BEI GRIN MACHT SICH IHR
WISSEN BEZAHLT

- Wir veröffentlichen Ihre Hausarbeit,
  Bachelor- und Masterarbeit

- Ihr eigenes eBook und Buch -
  weltweit in allen wichtigen Shops

- Verdienen Sie an jedem Verkauf

Jetzt bei www.GRIN.com hochladen
und kostenlos publizieren

Bibliografische Information der Deutschen Nationalbibliothek:

Die Deutsche Bibliothek verzeichnet diese Publikation in der Deutschen National-
bibliografie; detaillierte bibliografische Daten sind im Internet über http://dnb.d-
nb.de/ abrufbar.

Impressum:

Copyright © 2011 GRIN Verlag, Open Publishing GmbH
Druck und Bindung: Books on Demand GmbH, Norderstedt Germany
ISBN: 978-3-668-17763-5

Dieses Buch bei GRIN:

http://www.grin.com/de/e-book/179758/web-content-management-systeme-
unterschiede-vor-und-nachteile

Valentin Scharf

Web Content Management Systeme. Unterschiede, Vor- und Nachteile

GRIN Verlag

GRIN - Your knowledge has value

Der GRIN Verlag publiziert seit 1998 wissenschaftliche Arbeiten von Studenten, Hochschullehrern und anderen Akademikern als eBook und gedrucktes Buch. Die Verlagswebsite www.grin.com ist die ideale Plattform zur Veröffentlichung von Hausarbeiten, Abschlussarbeiten, wissenschaftlichen Aufsätzen, Dissertationen und Fachbüchern.

Besuchen Sie uns im Internet:

http://www.grin.com/

http://www.facebook.com/grincom

http://www.twitter.com/grin_com

Web Content Management Systeme

Websites organisieren und gestalten

Fachbereichsarbeit im Wahlpflichtfach Informatik

Valentin Scharf

GRG1 Stubenbastei

Stubenbastei 6-8, 1010 Wien

Schuljahr 2010/2011

Wien, im Februar 2011

Inhaltsverzeichnis

1.0 Einleitung **2**

2.0 Web Content Management Systeme – ein Überblick **3**

    2.1 Definition WCMS 3

    2.2 Funktionen und Einsatzgebiete 5

    2.3 Vorteile eines WCMS 7

    2.4 Nachteile eines WCMS 8

3.0 Das WCMS „Joomla!" **9**

    3.1 Der Aufbau von „Joomla!" 10

4.0 Das WCMS „Wordpress" **12**

    4.1 Der Aufbau von „Wordpress" 13

5.0 Das WCMS „Moodle" **15**

    5.1 Der Aufbau von „Moodle" 16

6.0 „Joomla!, „Wordpress" und Moodle im Vergleich **19**

    6.1 Wie der Trend weitergehen wird 21

    6.2 Die geeigneten Anwendungsgebiete der CM-Systeme 22

7.0 Fazit **23**

8.0 Anhang **24**

    8.1 Literaturverzeichnis 24

    8.2 Internetverzeichnis 24

    8.3 Markenhinweis 25

1.0 Einleitung

In der heutigen Zeit sind Webpräsenzen für Firmen und Konzerne kaum wegzudenken. In den Anfangszeiten des Internets war die Präsenz einer Firma im Grunde genommen eine Art Visitenkarte oder digitales Aushängeschild mit einem eher geringen Informationsgehalt, zum Beispiel bestehend aus den Kategorien „Über uns", „Neues" und „Kontakt" – im Grunde genommen also nur statische, sich nicht ändernde, Inhalte. Anfänglich war also eine Webseite so gesehen recht überschaubar und einfach zu administrieren.

Diese Seiten entwickelten sich mit der Zeit in anspruchsvolle Plattformen mit umfangreichem Informationsangebot. Neue Vertriebskanäle, Vermarktungschancen und viele andere Möglichkeiten waren durch den Fortschritt des Internet geboren. Diese rasante Entwicklung, welche noch immer kein Ende gefunden hat und in abschätzbarer Zeit auch kein Ende finden wird, kann man insbesondere den Web Content Management Systemen (im Folgenden auch „WCMS" oder „CMS" genannt) zuschreiben.

Web Content Management Systeme ermöglichen es, große Mengen an Daten bzw. Inhalten schnell und einfach bereitzustellen. Des Weiteren können Inhalte ebenso schnell abgeändert oder modifiziert werden – und diese Möglichkeiten kann ein CMS auch noch mit weniger Personal als vorher umsetzen.

Auch wenn ein Unternehmen keine eigene IT-Abteilung besitzt bzw. keine Mitarbeiter mit technischem Know-How hat, ist es schwierig eine Präsenz ohne fremde Hilfe zu erstellen. Bei vielen Web-Content-Management-Systemen genügt es glücklicherweise wenn man Kenntnisse einfacher Office-Anwendungen besitzt, um diese zu verwalten und zu administrieren. Des Weiteren gibt es viele Systeme, welche nicht nur kostenlos sind, sondern auch dazu gratis Lehr-und Schulungsmaterial bereitstellen.

Ich persönlich habe im Jahr 2008 begonnen, mich privat mit der Thematik der WCM-Systeme auseinanderzusetzen. Technische Systeme und ihre Funktionsweisen haben mich schon immer begeistert und interessiert. Seitdem sammle ich Jahr für Jahr immer mehr Wissen im Bereich dieser Thematik und habe auch verschiedenste CM-Systeme getestet und Projekte damit realisiert. Für mich als Schüler war es auch von großem Vorteil, dass viele Systeme und ihre Lehrhilfen kostenlos verfügbar waren. Besonders spannend an CM-Systemen ist meiner Meinung nach, dass die Entwicklung eigentlich erst „in den Kinderschuhen" steckt – schließlich existieren diese Systeme erst seit dem Ende der Neunziger-Jahre. Somit steckt noch äußerst viel Potential im Fortschritt der CMS.

Im Rahmen einer Fachbereichsarbeit habe ich beschlossen mich mit dieser Thematik zu beschäftigen. Hierfür habe ich drei CM-Systeme ausgewählt, mit welchen ich bereits persönliche Erfahrungen sammeln konnte, um diese einzeln vorzustellen und schlussendlich auch zu vergleichen. In dieser Arbeit wird im Allgemeinen und im Speziellen bei drei verschiedenen CM-Systemen auf die jeweiligen Funktionsvielfalten und Möglichkeiten eingegangen.

2.0 Web Content Management Systeme – ein Überblick

2.1 Definition von WCMS

Die Wortgruppe „Web Content Management System" kann man nicht einfach definieren. Zuerst muss man diese Gruppe aufgliedern und die einzelnen Wörter definieren, damit man das Wort „WCMS" und seine Bedeutung auch verstehen kann.

Web[1]

Das Wort Web repräsentiert drei unterschiedliche Anwendungsformen von Internettechnologien, welche ich nun kurz erläutern werde.

Internet: Das Internet ist allgemein und öffentlich zugänglich. Somit sind auch die Inhalte und Angebote, welche im Internet publiziert werden größtenteils für die Öffentlichkeit zugänglich und auch für alle Benutzer des Internets gedacht.

Intranet: Das sogenannte Intranet hat einen entscheidenden Unterschied zum Internet. Im Gegensatz zu diesem ist das Intranet ein „geschlossenes" Netzwerk, in welchem die Angebote nur für eine bestimmte Zielgruppe explizit gedacht sind. Beispielsweise gibt es Firmen mit eigenen Netzwerken, in welchen die Mitarbeiter aktuelle Informationen einsehen und interne Nachrichten verschicken können.

Extranet: Im Prinzip kann man sagen, dass das Extranet dieselben Funktionen wie das Intranet besitzt, mit dem kleinen Unterschied, dass man auch über das Internet über einen – meistens – passwortgeschützen Zugang auf dieses eigentliche „Intranet" zugreifen kann. Ein Extranet eignet sich beispielsweise, wenn auch externe Geschäftspartner oder Kunden auf das Intranet einer Firma zugreifen müssen.

Web Content Management Systeme finden in allen diesen drei Netzwerken Verwendung.

Content[2]

Der Begriff Content stammt eigentlich aus der englischen Sprache und bedeutet so viel wie „Inhalt". Genau genommen ist Content ein Sammelbegriff für alle Inhalte elektronischer Medien. Content kann in verschiedensten Formen wie zum Beispiel als Text, als Video, in Form von Bildern oder auch als Audio-Datei vorliegen[3].

---

[1] [Internet, http://www.kmu.admin.ch/themen/00292/00294/00298/index.html?lang=de (05-11-2010)]
[2] [Internet, http://www.cm4u.net/cms/53-0-Was-ist-Content.html (05-11-2010)]
[3] [Vgl. Anja Ebersbach, Markus Glaser, Radovan Kubani, Joomla! 1.5 – Das umfassende Handbuch, (Bonn 2009), S. 32]

3

Auch das Wort Content kann man wieder in vier verschiedene Verwendungs- bzw. Anwendungsformen unterteilen:

Statischer Content: Statischer Content ist dazu gedacht, dass er einmal erstellt wird und nie wieder verändert wird. Das können zum Beispiel Gesetzestexte oder ein Impressum sein.

Dynamischer Content: Dieser Content hat einen hohen Aktualisierungsgrad und wird somit oft abgeändert bzw. modifiziert. Das sind zum Beispiel Blogs, Foren, Newsticker und andere Informationen, wo ständig Nachrichten aktualisiert werden müssen.

Interaktiver Content: Diese Art von Inhalten soll in erster Linie Anregungen zum Handeln geben. Das können zum Beispiel Umfragen oder Formulare sein.

Informativer Content: Dieser Content ist im Grunde genommen auch statisch, da er eher selten abgeändert wird und Inhalte zum Nachschlagen und Lernen anbieten soll. Das können Lexika oder FAQ[4]-Sammlungen sein.

Management[5]

Das Wort „Management" leitet sich ebenfalls aus dem Englischen ab und heißt so viel wie „Verwaltung". Dieses Wort bezieht sich sowohl auf die Erstellung, Bearbeitung, Verwaltung, Publikation und Archivierung des Contents. Im Grunde genommen könnte man also sagen, dass mit Management die redaktionellen und teilweise administrativen Aufgaben in Verbindung mit einem WCMS gemeint sind. Die Organisation und Aufarbeitung von Inhalten ist eine der zentralen Dienstleistungen bzw. Hauptfunktionen eines Content Management Systems.

System

„Ein System ist eine Gesamtheit von Elementen, die so aufeinander bezogen sind und in einer Weise wechselwirken, dass sie als eine aufgaben-, sinn- oder zweckgebundene Einheit angesehen werden können und sich in dieser Hinsicht gegenüber der sie umgebenden Umwelt abgrenzen."[6]

---

[4] FAQ bedeutet „Frequently asked questions", was auf Deutsch *häufig gestellte Fragen* heißt und in der Regel ist eine solche Sammlung eine Zusammenstellung von oft gestellten Fragen und den dazugehörigen Antworten.
[5] [Internet, http://en.wikipedia.org/wiki/Content_management (05-11-2010)]
[6] [Internet, http://de.wikipedia.org/wiki/System (05-11-2010)]

4

2.2 Funktionen und Einsatzgebiete

Hinweis: Zum besseren Verständnis des Kapitels muss noch erwähnt werden, dass die Funktionen, Einsatzgebiete sowie Vor- und Nachteile eines Content Management Systems sehr vom gewählten System abhängig sind. Aus diesem Grund können nur allgemein gültige Gegebenheiten erläutert werden.

Wie bereits erwähnt ist die allgemeine Aufgabe eines WCMS, die dynamische Bereitstellung, Aufarbeitung und Organisation von Inhalten bzw. Content. Solche Content Management Systeme heben sich von anderen Systemen hervor, da diese die Aufgaben deutlich vereinfachen und somit die Verwaltung von Inhalten für Anwender ermöglichen, welche keine Programmierkenntnisse besitzen. Das wird dadurch erreicht, indem ein WCMS Inhalte und Layout explizit trennt. Das Layout – also die grafische Grundstruktur und der grafische Aufbau der Seite – wird über Vorlagen erstellt, welche in der Fachsprache „Templates[7]" genannt werden. In diese Vorlagen werden die vorgegebenen Inhalte eingebunden, (siehe Abbildung 1). So brauchen zum Beispiel Mitarbeiter, welche nur die Aufgabe haben neue Inhalte zu erstellen, keinerlei HTML[8]-Wissen um eine solche Seite zu erstellen oder zu verwalten. Aufgrund der modularen Aufbauweise solcher CMS muss man innerhalb des Contents nur die einzelnen Module definieren bzw. zuweisen. Zum Beispiel ein Modul für die Überschrift, eines für den Inhalt und eines für ein Bild. So können Inhalte schnell und effizient problemlos in die Vorlagen entsprechend eingearbeitet werden und im Nachhinein ebenso einfach wieder abgeändert oder modifiziert werden.[9]

---

[7] [Internet, http://en.wikipedia.org/wiki/Web_template (05-11-2010)]
[8] Hypertext Markup Language, Programmiersprache zum Erstellen von Dokumenten, welche über das Internet und einem Browser angezeigt werden können.
[9] [Internet, http://en.wikipedia.org/wiki/Web_content_management_system (05-11-2010)]

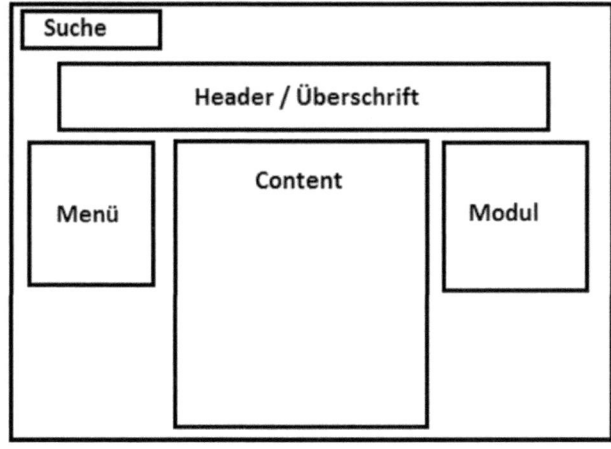

Abbildung 1: Ein einfaches, von mir skizziertes Template

Damit man sich auf einer CMS basierenden Webseite mit eventuell vielen Inhalten auch zurecht finden kann, besitzen Templates auch Navigationselemente (wie zum Beispiel ein logisch strukturiertes Menü) und Suchfunktionen. Templates können natürlich auch für individuelle Wünsche abgeändert bzw. angepasst werden, dies erfordert aber Programmierkenntnisse in HTML, CSS[10] und auch in PHP[11].

Zur Bearbeitung und Erstellung von Inhalten werden verschiedene Möglichkeiten zur Verfügung gestellt. Normalerweise werden Inhalte in einem CMS mit einem sogenannten „WYSIWYG-Editor" erstellt. (siehe Abb. 2) WYSIWYG ist das Akronym für „What You See Is What You Get" (dt. Übersetzung: Was du siehst, ist (das), was du bekommst") Mit einem solchen Editor kann man auch als Laie einfach Inhalte für Webseiten erstellen und bearbeiten. Der Aufbau eines solchen Editors ist mit einem normalen Textverarbeitungsprogramm zu vergleichen[12].

Abbildung 2: Ein WYSIWYG-Editor im CMS „Wordpress"

---

[10] Cascading Style Sheets, Programmiersprache, welche in Verbindung mit zum Beispiel HTML-Dokumenten Inhalte strukturieren kann. Dies hat eine fundamentale Bedeutung für das Design bzw. Layout einer Webpräsenz.

[11] Personal Home Page Tools, serverseitig ausgeführte Skriptsprache, welche hauptsächlich zum Erstellen dynamischer Webseiten oder Webanwendungen verwendet wird.

[12] [Vgl. Ebersbach, Glaser, Kubani, S. 83 – 94]

In einem Content Management System ist es auch möglich bestimmte Regeln zu definieren. Das bedeutet, dass bestimmte Benutzer explizite und individuell abgestimmte Rechte erhalten. Wenn zum Beispiel ein Mitarbeiter nur dafür zuständig ist Content zu bearbeiten, dann kann man diesem diese Rechte explizit zuweisen. Somit ist er berechtigt Content zu bearbeiten, aber zum Beispiel keine Module oder Modulpositionen abzuändern. Des Weiteren kann es dann zum Beispiel auch die Benutzerrechte und das Benutzerkonto eines Abteilungsleiters geben, welches dafür zuständig ist, dass vor der Publikation eines Inhalts zuerst der Abteilungsleiter seine Zustimmung geben muss. Wie man sieht, gibt es verschiedene Benutzer- und Rechteverwaltungsmethoden in einem CMS. Damit man vom System als Benutzer mit bestimmten individuell zugewiesenen Rechten identifiziert wird, muss man sich mit einen sogenannten „Login" authentifizieren. Sofern der richtige Benutzername und das richtige Passwort eingegeben werden, wird man vom System dann autorisiert (einen bestimmten definierten bzw. zugewiesenen) Content zum Beispiel zu bearbeiten.[13]

2.3 Vorteile eines WCMS

Folgende Vorteile kann ein Web Content Management System im Gegensatz zu anderen Systemen erzielen:

-Kosten: Wenn eine Webseite ohne ein WCMS zum Beispiel gepflegt werden muss, steigen die Wartungskosten linear zu der Anzahl der verwalteten Seiten. Bei Präsenzen, welche mit einem WCMS erstellt wurden, steigen die Kosten nur exponentiell zu der Anzahl der verwalteten Seiten. Viele WCMS sind auch unter einer sogenannten „Open-Source" Lizenzierung programmiert worden. Das bedeutet, dass die Software frei verfügbar und auch beliebig abänderbar ist. Somit erspart man sich Anschaffungskosten von Software und ist nicht auf kostenpflichtige Erweiterungen angewiesen, da man das System auch selbst ausbauen darf, was aber Programmierkenntnisse erfordert.

-Entlastung des Webmasters: Aufgrund des einfachen Aufbaus eines WCMS können Inhalte direkt von den Autoren selbst eingepflegt werden, womit automatisch auch die (Arbeits-)Belastung für den Webmaster sinkt.

-Steigerung der Aktualität und Qualität: Inhalte müssen in einem WCMS keinen Umweg mehr über den Webmaster vor der Veröffentlichung nehmen und somit sind Texte schneller online verfügbar. Um zum Beispiel kleine Rechtschreibfehler auszubessern wird auch kein Webmaster mehr benötigt. Durch das problemlose und schnelle Ausbessern ergibt sich ebenfalls eine Steigerung der Qualität.

---

[13] [Vgl. Ebersbach, Glaser, Kubani, S. 179 – 189]

-Automatisierung von Aufgaben: CMS können auch viele Aufgaben und Prozesse automatisiert abwickeln, wie zum Beispiel die Aktualisierung bestimmter Seiten, die Veröffentlichung bestimmter Artikel oder auch das Erstellen einer Sitemap[14]. Außerdem hat man in der Regel bei einem WCMS die Möglichkeit, Beiträgen ein individuelles Ablaufdatum zuzuteilen.[15]

-Die Trennung von Inhalten und Darstellungen: Dieser Vorteil zählt wohl zu einem der wichtigsten eines WCMS. Aufgrund dieser Funktionsmöglichkeit können Autoren ohne fundierte Programmierkenntnisse trotzdem Inhalte direkt in eine Webseite einpflegen oder auch verwalten. Das Layout wird durch eine bestimmte Ansammlung von Vorlagen vorgegeben. Eine komplette oder teilweise designtechnische Umgestaltung der Webseite wird dadurch deutlich vereinfacht.

-Cross-Media Publishing[16]: Wie bereits in einem oberen Punkt erwähnt, ist es für ein WCMS ein fundamentaler Vorteil, dass der Inhalt vom Layout getrennt wird. Das hat auch den Vorteil, dass man verschiedene Templates für diverse Wiedergabegeräte spezifisch erstellen kann. So ist es beispielsweise möglich, dass man den Inhalt einer Seite nicht nur für einen Computer aufbereitet, sondern auch für andere Ausgabetypen, wie zum Beispiel ein Mobiltelefon oder einen Tablett-PC und somit kann man eine größere Zielgruppe ansprechen.

-Dezentrale Bearbeitung und Pflege: Ein WCMS ist eine webbasierte Anwendung und somit wird es dem Benutzer ermöglicht die Webseite von jedem Computer aus, der einen Internetzugang und Browser verfügt, zu bearbeiten oder erweitern.

-Kompatibilität verschiedenster Medien[17]: In der Regel ist ein WCMS mit vielen verschiedenen Datei- und Medientypen kompatibel. So kann man zum Beispiel Bilder, Videos, Audio-Dateien, PDF-Dokumente oder auch anderes in ein CMS einbinden.

2.4 Nachteile eines WCMS

Neben den vorher genannten Vorteilen, hat die Verwendung eines WCMS für eine Webpräsenz auch einige Nachteile:

- Die Autoren verlieren ihren gestalterischen Freiraum
- Der Funktionsumfang eines WCMS ist viel kleiner als bei HTML-Editoren wie zum Beispiel Dreamweaver oder Microsoft FrontPage
- Punktuelle Modifikationen sind bei einem CMS entweder nicht möglich oder nur äußerst schwer durchführbar und erfordern größeres Know-How.

---

[14] Eine Sitemap soll dem Besucher einen Überblick der Webpräsenz darbieten, indem sie die hierarchischen Verknüpfungsstrukturen aller Einzelseiten in einem Dokument wiedergibt.
[15] Zum Beispiel: Nach dem Datum X wird Beitrag A von der Webpräsenz genommen.
[16][Internet, http://www.contentmanager.de/magazin/artikel_971_cross_media_publishing_integrierte_loesung.html (03-01-2011)]
[17] [Vgl. Stephanie Leary, Beginning Wordpress 3 – Make great Websites the easy way, (New York 2010), S. 88]

- Eventuell höhere Kosten für die Serverinfrastruktur, da ein webbasiertes CMS in der Regel mehr Systemperformance benötigt als „einfache" HTML-Dokumente.
- Mehr Funktionalität als benötigt, da ein CMS als ein Gesamtsystem zu betrachten ist. Wenn man das System um nicht benötigte Funktionen reduzieren möchte, kommt es häufig zu unerwünschten Nebenwirkungen.
- Da es auch CMS gibt, welche kostenpflichtige Lizenzierungen haben, können auch hohe Betreibungskosten entstehen. Für eine kleine, private Homepage würde sich zum Beispiel kein kostenpflichtiges CMS auszahlen.

In den nächsten Kapiteln wird spezifisch auf drei verschiedene Content Management Systeme eingegangen, welche sich sowohl in den Anwendungsbereichen als auch in der Funktionalität unterscheiden. Anschließend werden diese WCMS auch noch verglichen, damit man individuell entscheiden kann, welches CMS für welche Anwendung im World-Wide-Web am besten geeignet ist.

3.0   Das WCMS „Joomla!"[18]

Bei „Joomla!" handelt es sich um ein freies, stark erweiterbares Content Management System, welches sich besonders durch seine Benutzerfreundlichkeit und Flexibilität auszeichnet. „Joomla!" ist unter der freien „GNU General Public License"[19] in der serverseitig ausgeführten Skriptsprache PHP5 geschrieben und verwendet das Open-Source Datenbankverwaltungssystem MySQL. Aufgrund seiner Funktionsvielfalt zählt „Joomla!" zu einem der am meisten verwendeten WCMS und es wird auch in dementsprechend vielen Bereichen eingesetzt: Mit „Joomla!" kann man sich nicht nur eine kleine private Homepage erstellen, sondern auch beispielsweise eine Vereinsseite, eine Firmenpräsenz oder sogar eine große und komplexe Community Webseite erstellen.

Das CMS dient in erster Linie zum Erstellen von umfangreichen Webseiten mit einem sich häufig ändernden Inhalt, der von mehreren Personen mit verschiedensten Benutzerrechten verwaltet wird. Für private Homepages, die weniger komplex aufgebaut sind und auch nur von einem Benutzer verwaltet werden, eignet sich „Joomla!" zwar auch, aber aufgrund der funktionalen Überfrachtung des CMS ist es für kleinere Webprojekte eher nicht vorhergesehen.

---

[18] [Internet, http://www.joomla.org (04-01-2011)]
[19] [Intenet, http://www.gnu.org/ (06-01-2011)]

3.1 Der Aufbau von „Joomla!"

Der allgemeine Aufbau eines CMS, wie im Punkt 2.2 beschrieben, gilt im Grunde genommen auch für „Joomla!". Dieses WCMS trennt also den Inhalt vom Layout bzw. Design und hat eine modulare Aufbauweise[20]. Des Weiteren wird bei „Joomla!" auch zwischen dem sogenannten „Frontend" und dem „Backend" unterschieden.

- Das Frontend: Unter dem Frontend wird der Bereich eines CMS verstanden, welcher die eigentliche Webseite darstellt, wie sie die Besucher sehen können. Aufgrund der modularen Aufbauweise wird das Frontend auch in verschiedenste Bereiche unterteilt, welche ich nun in der folgenden Grafik an Hand einer „Joomla!" Beispielinstallation aufzeigen möchte. Die markierten und durchnummerierten Bereiche auf der Abbildung werden in der darauf folgenden Tabelle erläutert.

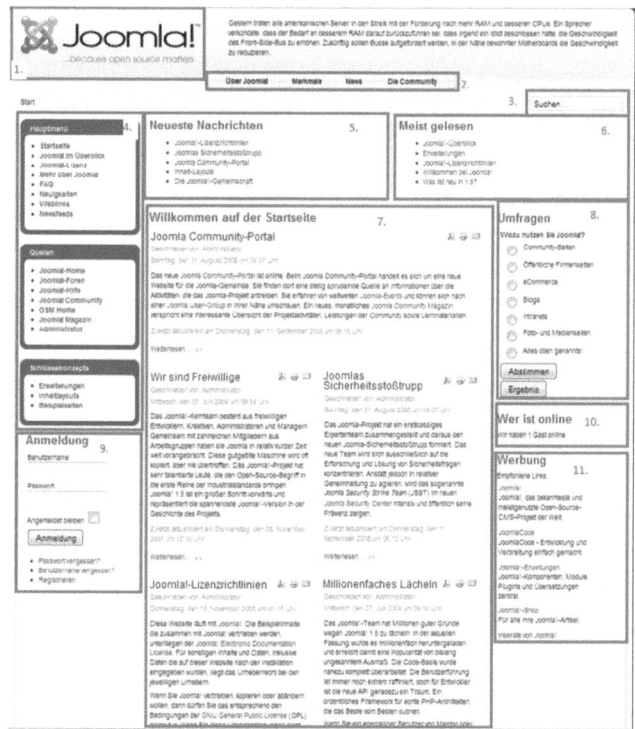

Abbildung 3: Aufbau des Frontends von „Joomla!"

---

[20] [Vgl. Tim Schürmann, Joomla! – Websites erweitern und optimieren, (Köln, 2009), S. 45]

Nummer:	Bereich:
1.	Logo
2.	Top Menü (oberes Menü)
3.	Suchfeld
4.	Main Menü (Hauptmenü) und diverse Zusatzmenüs
5.	Latest News (Neueste Nachrichten bzw. Beiträge)
6.	Popular (beliebteste Beiträge bzw. Inhalte der Webseite)
7.	Verschiedenster Content
8.	Polls (Umfrage-Modul)
9.	Login Form (Anmeldeformular für Bereiche der Webseite, die nur bestimmte Benutzer sehen sollen oder dürfen)
10.	Who is online (Statistik Modul, welches den aktuellen Stand an Besuchern anzeigt)
11.	Banners (Werbe-Modul von Joomla)

- Das Backend: Unter dem sogenannten Backend versteht man im CMS „Joomla!" den Verwaltungs- bzw. Administrationsbereich. Über die Verwaltungsoberfläche können alle verschiedenen Einstellungen getätigt werden, welche die Webseite betreffen. Das Backend wird ebenfalls wie das Frontend in einem normalen Browser angezeigt. Ein wichtiger Unterschied ist aber, dass man bestimmte Benutzerrechte benötigt, um auf das Backend zugreifen zu können. Somit benötigt man, um sich erfolgreich für das Backend authentifizieren zu können, einen Usernamen und ein Passwort. Die folgende Grafik zeigt den Aufbau des Backends von „Joomla!". Die anschließende Tabelle beschreibt wieder die in der Abbildung nummerierten Bereiche.

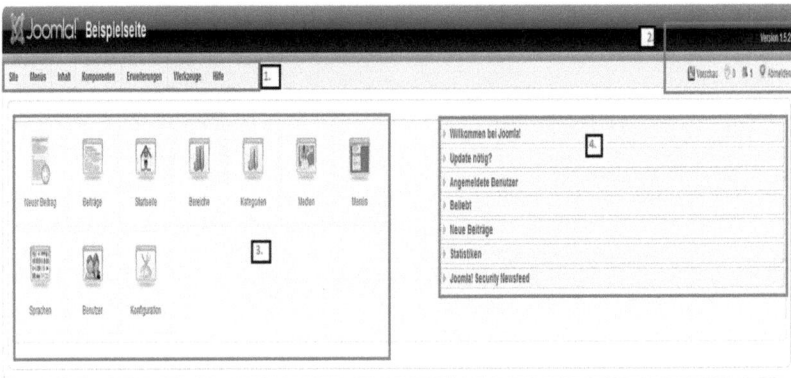

Abbildung 4: Aufbau des Backends von „Joomla!"

Tabelle 2 : Bereiche bzw. Module des Backends

Nummer:	Bereich:
1.	Die Menüleiste.
2.	Anzeigebereich mit folgenden Informationen: Die aktuell installierte Version von „Joomla!", wie viele Benutzer angemeldet sind und ob man neue Nachrichten erhalten hat.
3.	Symbolschaltflächen mit einem Schnellzugriff auf die wichtigsten Funktionen des Backends.
4.	Reiter des Backends, welche Auskunft und Statistiken über den aktuellen Zustand der Seite ausgibt.

4.0   Das WCMS „Wordpress"[21]

„Wordpress" ist ein vielseitiges und freies[22] aber auch sehr einfach zu bedienendes CMS. Aus diesem Grund zählt es wohl zu einem der am meisten verwendeten Content Management Systemen weltweit. Bis zum 6. Jänner 2011 wurde „Wordpress" in der Version 3.0 knapp 30 Millionen Mal heruntergeladen.[23] „Wordpress" ist ebenfalls das beliebteste CMS, was man daran sehen kann, dass unter den 1000.000 größten Webseiten weltweit „Wordpress" einen Marktanteil von über 13% aufweisen kann.[24] Wordpress basiert auf der serverseitig ausgeführten Skriptsprache PHP und verwendet das freie Datenbankverwaltungssystem MySQL. Im Grunde genommen erfüllt „Wordpress" alle Anforderungen für ein vollwertiges CMS[25], da es auch das Prinzip hat Inhalte vom Design zu trennen und auch eine vollwertige Verwaltung der Benutzerrechte aufweisen kann. Es wird auch teilweise für kleinere bis mittelgroße private und geschäftliche Websites eingesetzt. Dennoch bietet sich insbesondere „Wordpress" zum Aufbau und der Verwaltung eines Weblogs[26] an, da man Beiträge sehr einfach und unkompliziert kategorisieren kann und das CMS auch automatisch dann dementsprechende Navigationselemente in die Webpräsenz einbindet. Neben dieser Funktion, welche für ein Weblog von fundamentaler Bedeutung ist, kann man mit „Wordpress" auch nicht kategorisierte Einzelseiten erstellen.

---

[21] [Internet, http://wordpress.org/ (06-01-2011)]
[22] Wordpress ist unter der GNU General Public License
[23] [Internet, http://wordpress.org/download/counter/ (06-01-2011)]
[24] [Internet, http://w3techs.com/technologies/overview/content_management/all (06-01-2011)]
[25] [Vgl. Kapitel 2.2]
[26] Ein Blog oder auch Weblog ist in der Regel eine lange, abwärts chronologisch sortierte Liste von Einträgen von mindestens einer Person, welche Aufzeichnungen führt, Sachverhalte protokolliert oder Gedanken niederschreibt. Diese Blogbeiträge können in der Regel auch Kommentiert werden.

„Laut Aussage der Entwickler legt das System besonderen Wert auf Webstandards, Eleganz, Benutzerfreundlichkeit und leichte Anpassbarkeit. WordPress ist der offizielle Nachfolger des Systems b2 und verfügt über eine stetig wachsende Benutzer- und Entwicklergemeinde."[27]

4.1   Der Aufbau von „Wordpress"[28]

Auch bei „Wordpress" wird, wie beim CMS „Joomla!", zwischen dem Frontend und dem Backend unterschieden. An Hand von zwei Grafiken einer Beispielinstallation von „Wordpress" werde ich nun mittels zwei darauf folgenden Tabellen die einzelnen Bereiche im Front- und im Backend vorstellen. Man kann sofort erkennen, wenn man die Grafiken mit diesen von Kapitel 3.1 vergleicht, dass der Aufbau von „Wordpress" primitiver und einfacher erscheint.

- Das Frontend: Man kann erkennen, dass das in der Abbildung 7 eingesetzte Template auf der rechten Seite eine Modulleiste besitzt. Diese ist in der Regel bei Wordpress frei abänderbar – man kann also beliebige Module hinzufügen oder auch entfernen. Wordpress-Templates sind recht schlank und übersichtlich strukturiert und weisen im Gegensatz zum WCMS „Joomla!" eine nicht so große Funktionsvielfalt bzw. Funktionsbandbreite auf.

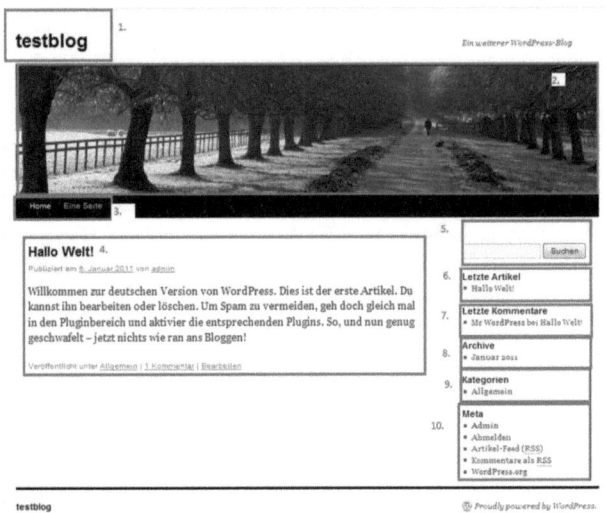

Abbildung 5: Frontend von „Wordpress"

Tabelle 3: Bereiche bzw. Module im Frontend

Nummer:	Bereich:

---

[27] [Internet, http://de.wikipedia.org/wiki/Wordpress (06-01-2011)]
[28] [Vgl. Hal Stern, David Damstra, Brad Williams, Professional Wordpress Design and Development, (Indianapolis, 2010), S. 19]

13

1.	Titel der Seite/des Weblogs
2.	Logo bzw. editierbares Bild
3.	Diverse, voneinander unabhängige Unterseiten
4.	Blogbeitrag mit Kommentarfunktion
5.	Suchfeld Modul
6.	Letzte Artikel Modul
7.	Letzte Kommentare Modul
8.	Archiv Modul (Beiträge werden monatlich automatisch archiviert)
9.	Modul zur Auflistung der Kategorien
10.	Meta-Modul (Nützliche Links zu Wordpress und Login)

- Das Backend[29]: Auch hier findet man eine übersichtliche und schlanke Struktur wieder. Im Backend kann man alle möglichen Funktionen von „Wordpress" administrieren. Ebenfalls wie bei „Joomla!" benötigt man bestimmte Benutzerrechte, um sich für das Backend authentifizieren zu können. Ein Weblog basierend auf „Wordpress" kann man eigentlich ohne technisches Know-How einfach realisieren. Sollte man allerdings individuelle Ansprüche haben oder will man „Wordpress" als vollständiges CMS verwenden – zum Beispiel für eine kleine Webpräsenz einer Firma – dann muss man sich natürlich ein wenig näher mit der Materie von „Wordpress" auseinandersetzen[30].

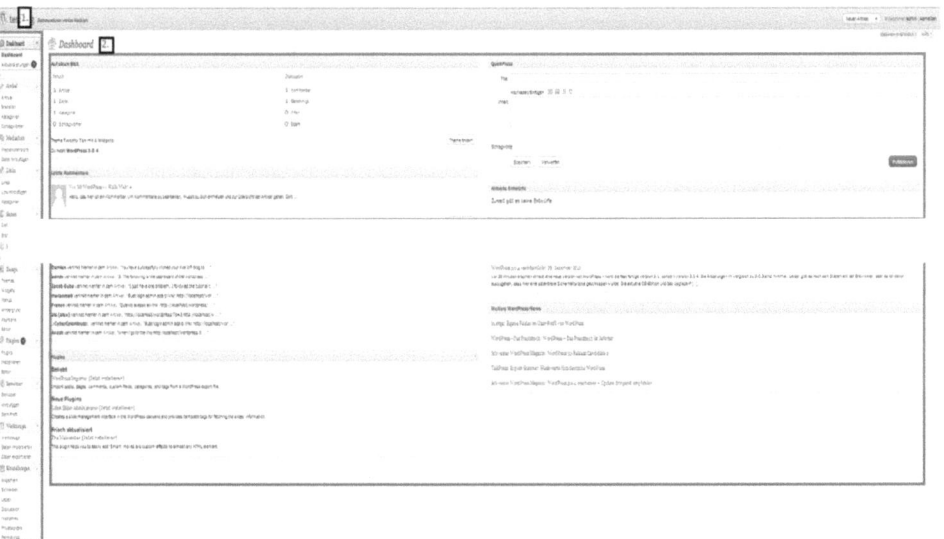

Abbildung 6: Backend von „Wordpress"

---

[29] [Internet, http://codex.wordpress.org/Administration_Panels (08-01-2011)]
[30] [Vgl. Stephanie Leary, S.41]

Nummer:	Bereich:
1.	Die vollständige Menüleiste mit allen Funktionen
2.	Das „Dashboard" – alle wichtigen Informationen über Beiträge, Kommentare, Module und Seiten des CMS auf einen Blick
3.	Allgemeine Informationen über „Wordpress", wie zum Beispiel aktuelle Sicherheitsupdates

5.0   Das WCMS „Moodle"[31]

Bei „Moodle" handelt es sich um ein freies System, welches insbesondere als Lernplattform genutzt wird. Ursprünglich war der Name „Moodle" ein Akronym für *Modular Object-Oriented Dynamic Learning Environment*. Im Grunde genommen erfüllt „Moodle" die allgemein definierten Punkte in Kapitel 2.0 und kann somit als Content Management System angesehen werden. Jedoch ist es auch bekannt als sogenanntes *Course Management System*, auch als *Learning Management System* oder als *Virtual Learning Environment*. Für „Moodle" wird die freie Skriptsprache PHP verwendet. Bei „Moodle" wird nicht nur das freie Datenbanksystem MySQL unterstützt, sondern auch PostgreSQL, Oracle oder Microsoft SQL Server. Im Jänner 2011 sind knapp 50.000 Moodle-Plattformen weltweit registriert[32]. (Siehe Abb. 7)

---

[31] [Internet, http://moodle.org/ (08-01-2011)]
[32] [Internet, http://moodle.org/stats/ (08-01-2011)]

Moodle Statistics

Total known sites

Registered sites	50,046
Countries	211
Courses	4,137,254
Users	39,424,683
Teachers	1,140,777
Enrolments	18,400,127
Forum posts	66,554,226
Resources	35,794,072
Quiz questions	62,230,560

Abbildung 7: Anzahl der registrierten „Moodle" Seiten (Stand: Jänner 2011)[33]

5.1 Der Aufbau von „Moodle"

Eigentlich kann man sagen, dass „Moodle" auch den typischen (modularen) Aufbau eines CMS, wie in Kapitel 2.2 beschrieben, erfüllt. Dennoch hat es primär andere Qualitäten und Funktionalitäten als solche, wie man bei einem Web Content Management System benötigen würde. Die allgemeine Funktion von „Moodle" ist es Lehrenden die besten Möglichkeiten und Werkzeuge für das Lernen zu geben. Einerseits kann man es zum Beispiel als kleines Lernsystem für eine Grundschule verwenden, andererseits kann man mit „Moodle" auch Lernplattformen erstellen, welche für ganze Universitäten gedacht sind und dementsprechend größere Kapazitäten bewältigen müssen. Kurz gesagt kann man „Moodle" für alle möglichen individuellen Lehraufgaben nutzen. Um eine große „Moodle" Lehrplattform zu betreiben, benötigt man eigentlich nur eine einzige Person, die vielleicht ein wenig administrative Kenntnisse besitzt, da die Lehrer selbst die Kurse spielend einfach über wenige Mausklicks verwalten können.

Als Content Management System kann man „Moodle", wie bereits vorher erwähnt, natürlich auch verwenden. Jedoch muss man immer individuell entscheiden, ob dieses CMS auch das richtige für das vorgesehene Projekt wäre. Damit man dieses CMS mit den vorherig beschriebenen besser vergleichen kann, sehen wir uns nun auch das Front- und das Backend

---

[33] [Internet, http://moodle.org/stats/ (08-01-2011)]

16

einer „Moodle" Standardinstallation an. So kann man auch gleich den Unterschied zu einem „normalen" CMS erkennen.

- Das Frontend: Das Frontend von „Moodle" ist relativ schlank und übersichtlich gehalten. Man erkennt daran, dass es primär bei „Moodle" um Effizienz und praktische Funktionalität geht und nicht um überladene Webpräsenzen.

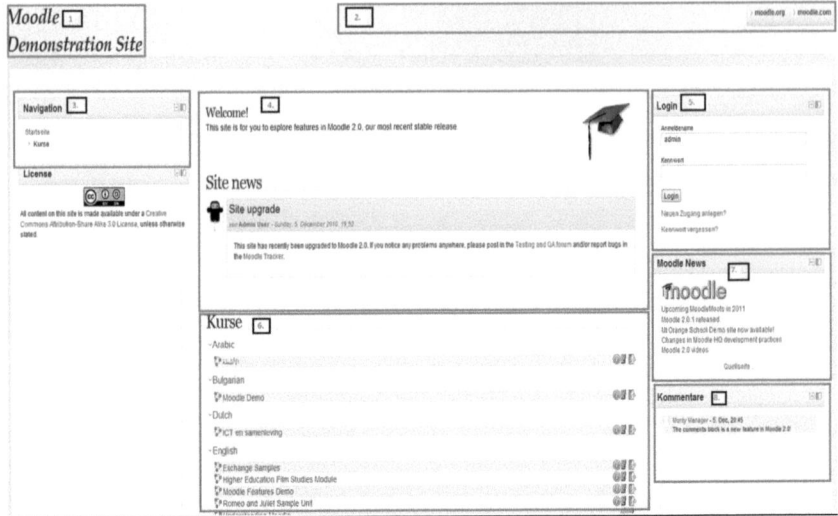

Abbildung 8 Das Frontend von „Moodle"

Tabelle 5: Module im Frontend von „Moodle"

Nummer:	Bereich:
1.	Logo-Modul
2.	Topmenü-Modul
3.	Navigations-Modul
4.	Dynamischer/Statischer Inhalt
5.	Login-Modul
6.	Kursauflistungs-Modul
7.	„Moodle"-News-Modul
8.	Kommentar-Modul

- Das Backend[34]: Im Gegensatz zu den vorher vorgestellten Content Management Systemen besitzt „Moodle" nicht wirklich ein eigentliches Backend. Wenn man sich mit Administrator-Berechtigungen einloggt, kehrt man wieder auf die Startseite zurück – mit dem einzigen Unterschied, dass in der linken Modulleiste auch ein „Einstellungen-Modul" erscheint. Mit diesem Modul kann man Kurse, Module, Benutzer und mehr hinzufügen oder auch

---

[34] [Internet, http://docs.moodle.org/en/Administrator_documentation (08-01-2011)]

abändern. Eigentlich ist es bei „Moodle" aber vorhergesehen, dass die Lehrer selbst ihre Kurse individuell gestalten und abändern können. Deswegen sehen wir uns nun bei „Moodle" die Benutzerrolle „Teacher" genauer an. Diese Gruppe bekommt auch nach dem Login ein „Einstellungen-Modul" auf der Startseite angezeigt – mit dem Unterschied, dass Lehrer natürlich nicht so viele Benutzerberechtigungen wie ein Administrator bekommen. Die Benutzerrolle „Teacher" bekommt nur die Funktion „Bearbeiten einschalten" bzw. „Bearbeiten ausschalten"[35]. Wenn man diese Funktion einschaltet, dann bekommt man zu jedem Modul eine recht simpel gehaltene Bearbeitungsleiste, mit welcher man diverse Einstellungen vornehmen kann. Außerdem kann man verschiedenste Module – je nach individuellem Bedarf – hinzufügen. So sieht zum Beispiel das Kommentarmodul aus, wenn man die Bearbeitungs-Funktion eingeschalten hat. (Die Bearbeitungsleiste ist rot eingekreist)

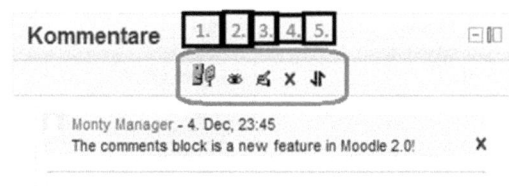

Abbildung 9: Kommentar-Modul mit Bearbeitungs-Modus bei „Moodle"

Tabelle 6: Erklärung der Bearbeitungsleiste von „Moodle"

Nummer:	Funktion:
1.	Rollen zuweisen (Definieren, wer das Modul sehen kann und wer nicht)
2.	Verbergen (Modul wird ausgeblendet)
3.	Konfiguration (Modulspezifische Einstellungen)
4.	Modul löschen
5.	Modul verschieben

Man kann erkennen, dass die Bearbeitung und Verwaltung dieser Plattform als Lehrer sehr einfach und verständlich gehalten ist – so kann sich die Lehrperson auch primär mit dem Unterricht befassen, was ja auch der Sinn und Zweck dieser Plattform ist, und muss sich nicht mit komplexen, technischen Hindernissen herumplagen. Dennoch muss man betonen, dass man mit „Moodle" auch komplexere (Lehr-)Projekte angehen kann – jedoch ist auch hier, wie bei jedem CMS, das technische Know-How eine fundamentale Voraussetzung dafür.

---

[35] [Internet, http://docs.moodle.org/en/Getting_started_for_teachers (08-01-2011)]

6.0   „Joomla!", „Wordpress" und „Moodle im Vergleich

In den vorherigen Kapiteln wurden die drei oben genannten Web-Content-Management-Systeme vorgestellt. Man konnte deutlich beobachten, dass sich alle drei WCMS in vielen elementaren Funktionen unterscheiden, weswegen ein direkter Vergleich auch nicht wirklich möglich ist. Aufgrund dieser unterschiedlichen Funktionsvielfalten der WCMS wird in diesem Kapitel versucht, dem Leser die Vor- und Nachteile jedes CMS zu veranschaulichen und grafisch darzustellen. Folgende wichtige Aspekte eines Content-Management-Systems werden behandelt: Die Systemvoraussetzungen, die Sicherheit, der Support, die Benutzerfreundlichkeit, das Management und die Inhaltsdarstellung.

Tabelle 7: Vergleich aller drei CMS

CMS:	Joomla!	Moodle	Wordpress
Systemvoraussetzungen			
Ungefähre Kosten:	Gratis	Gratis	Gratis
Datenbank:	MySQL	MySQL PostgreSQL Oracle Microsoft SQL	MySQL
Lizenz:	Open-Source	Open-Source	Open-Source
Betriebssystem:	plattformunabhängig	plattformunabhängig	plattformunabhängig
Programmiersprache:	PHP	PHP	PHP
Sicherheit			
Bearbeitungsprotokoll:	Nein	Nein	Nein
SSL[36] kompatibel:	Ja	Ja	Ja
SSL Login möglich:	Ja	Ja	Ja
Support			
Handbücher:	Ja	Ja	Ja
Support:	Ja	Ja	Ja
Schulungen:	Ja	Ja	Ja
Entwickler-Community:	Ja	Ja	Ja
Online Hilfe:	Ja	Ja	Ja
API-Erweiterungen:	Ja	Ja	Ja
Benutzerfreundlichkeit und Inhaltserstellung			
„SEO-freundliche" URLs[37]:	Ja	Ja	Ja
Rechtschreibprüfung:	Nein	Nein	Ja
WYSIWYG Editor:	Ja	Ja	Ja
Direkte Einbildung von anderen Medienformaten, als Bildern:	Ja	Ja	Ja
Manuelle Eingabe von Metadaten, wie z.B.: Schlagwörtern	Ja	Ja	Ja

---

[36] [Vgl. Internet, http://de.wikipedia.org/wiki/Transport_Layer_Security (09-02-2011)]
[37] [Vgl. Internet, http://www.seo-ranking-tools.de/ratgeber-url-design-aufbau.html (09-02-2011)]

möglich:			
Management			
Statistiken	Ja	Ja	Ja, mit kostenlosem Plug-In
Benutzerrechte-verwaltung:	Ja	Ja	Ja
(Individuelle) Einschränkung von Benutzerrechten:	Ja	Ja	Ja
Mehrstufige Freigabekontrolle und Workflow:	Ja	Ja	Ja
Die Möglichkeit haben, Benutzergruppen zu definieren:	Ja	Ja	Ja
Erweiterungen über Plug-Ins möglich:	Ja	Ja	Ja

In der Tabelle 7 kann man viele Gemeinsamkeiten erkennen. Jedoch muss man betonen, dass diese Tabelle nur wenige wichtige Kriterien aufzeigt, die für die Auswahl des CMS auch Relevanz haben. Aus den vorigen Kapiteln sollte man aber nun erkennen, dass ein jedes CMS seine individuellen Stärken und Schwächen aufweisen kann. Aus diesem Grund ist vor allem das vorgesehene Anwendungsgebiet eines CMS ein entscheidendes Kriterium bei der Auswahl. Wenn man beispielsweise nur ein kleines Weblog betreiben möchte, wäre es besser „Wordpress" zu nehmen als „Joomla!" – auch wenn „Joomla!" theoretisch ein Weblog betreiben könnte. Für ein solches Projekt wäre das CMS „Joomla!" mit seiner Funktionsvielfalt viel zu überladen[38]. Glücklicherweise ist der Markt der CM-Systeme aber groß und noch immer sehr am Wachsen, sodass man für fast alle möglichen Anwendungsgebiete und Fallbeispiele ein passendes WCMS findet.

---

[38] [Vgl. Kapitel 3.0]

6.1 Wie der Trend weitergehen wird

Neben dem Vergleich von technischen und funktionellen Aspekten eines CMS, kann man diese drei CM-Systeme auch in der Popularität bzw. weltweiten Verbreitung vergleichen. Dazu kann man „Google Trends©", ein System der Google Inc. verwenden. Seit 2004 kann man sich via Google Trends die Suchbegriffe von Nutzern der Suchmaschine grafisch, in Relation zum totalen Suchaufkommen gesetzt, darstellen lassen. So kann die Popularität einzelner Begriffe in einem bestimmten Zeitabschnitt, grafisch wiedergegeben werden. In der folgenden Grafik wird der Trend von „Wordpress", „Joomla!" und „Moodle" verglichen, womit die Marktanteile der CM-Systeme besser veranschaulicht werden können.

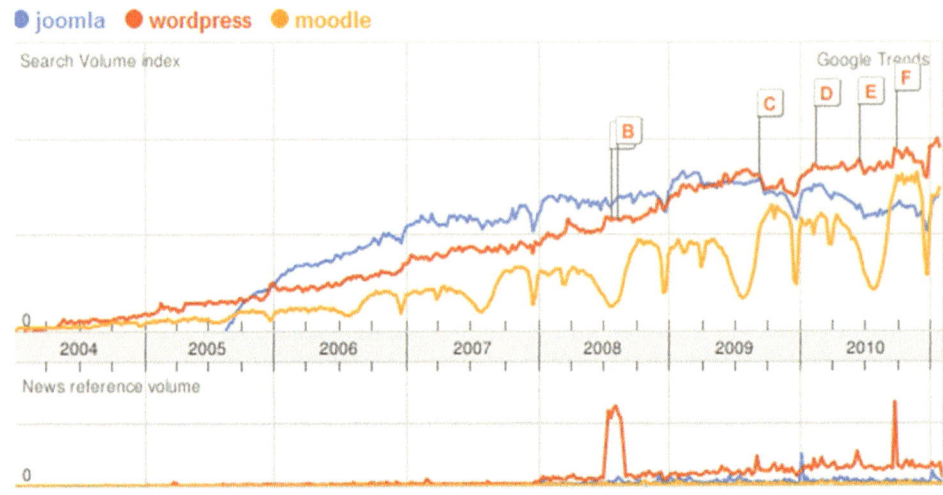

Abbildung 10: Google Trends von "Joomla!", "Wordpress" und "Moodle"[39]

Man kann erkennen, dass das CMS „Moodle" beinahe „Joomla!" überholt hat und, dass „Wordpress" einen stetigen Aufwärtstrend aufweisen kann. Man kann auch erkennen, das eindeutig „Wordpress" das häufigste Aufkommen in den Nachrichten hat, wo „Moodle" hingegen beinahe kein Aufkommen nachweisen kann. „Wordpress" ist an erster Stelle bestimmt nicht nur weil es einfach ein gutes CMS ist. Man muss auch bedenken, dass die Zielgruppe für ein Blog-System größer sein wird als diese, welche sich für ein Lern-CMS wie „Moodle" interessiert, da diese Zielgruppe wohl insbesondere aus Administratoren von Schulen und Universitäten bzw. aus dem gesamten Bildungsbereich besteht.

Mit dieser Grafik lassen sich einfach und schnell die Marktanteile der jeweiligen CM-Systeme vergleichen. Man kann sich eigentlich sicher sein, dass CM-Systeme ihren Marktanteil in den kommenden Jahren noch ausbauen werden und den erfolgreichen Trend nach oben fortsetzen werden.

---

[39] [Vgl. Internet, http://www.google.de/trends (09-02-2011)]

6.2 Die geeigneten Anwendungsgebiete der CM-Systeme

Wie bereits vorher erwähnt, hat ein jedes CMS seine individuellen Schwächen und Stärken, welche für jedes einzelne Fallbeispiel von Vor- oder auch Nachteil sein kann. Hier werden nun kurz die empfohlenen oder auch geeignetsten Anwendungsgebiete der jeweiligen WCMS vorgestellt.

- „Joomla!": ist ein äußerst stark erweiterbares und flexibles CMS, welches sowohl „große" als auch „kleine" Projekte verwalten kann. Aufgrund der Grundkomplexität, welche diese Software aufweist, eignet sich „Joomla!" wohl eher für „mittlere" bis „große" Projekte, wie zum Beispiel die Präsenz eines Unternehmens oder eines Informationsportals.
- „Wordpress": In den seltensten Fällen wird Wordpress als vollwertiges CMS verwendet. Für sehr einfache Firmenwebsites wird es als CMS ab und zu verwendet. In erster Linie handelt es sich bei „Wordpress" aber um ein sogenanntes Weblog-Publishing-System. Das heißt so viel wie, dass „Wordpress" primär als Weblog eingesetzt wird. Es werden also schnell, sich ändernde Inhalte, welche in kurzen Abständen publiziert werden, auf „Wordpress" veröffentlicht.
- „Moodle": Auch „Moodle" wird in den seltensten Fällen als vollwertiges Content-Management-System verwendet. Viel mehr wird „Moodle" vor allem als LMS[40] verwendet – also um Lehrinhalte bereit zu stellen und um Lehrvorgänge zu organisieren und zu verwalten. Damit über dieses System auch komplexe Lehrvorgänge, wie auf Universitäten zum Beispiel, abgewickelt werden können, organisiert sich „Moodle" in voneinander unabhängigen Kursen. Aufgrund dieser Aufteilung des Systems ist es beinahe nicht möglich aus dem CMS „Moodle" eine „normale" Webpräsenz, wie zum Beispiel diese, einer Firma zu erstellen.

---

[40] [Vgl. Internet, http://de.wikipedia.org/wiki/Learning_Management_System (09-02-2011)]

7.0   Fazit

Man kann erkennen, dass es sich in vielen Fällen als wirtschaftlicher und auch effizienter erweist, wenn man auf ein Web-Content-Management-System zurückgreift – insbesondere wenn man eine Webpräsenz haben möchte, die oft aber auch einfach ihre Inhalte ändern kann. Auf jeden Fall sollte man sich jedoch viel Zeit bei der Auswahl des geeigneten CM-Systems nehmen, da es sonst zu Fehlinvestitionen und Fehleinschätzungen kommen kann, welche wohl kaum von Vorteil sind. Benutzerfreundlichkeit ist auch ein sehr wichtiges Kriterium, welchem genügend Aufmerksamkeit geschenkt werden sollte. Man kann schließlich effizienter und produktiver arbeiten, wenn sich das CM-System einfach und unkompliziert bedienen lässt. Homepages, welche mit einem CMS erstellt wurden, werden auch mit einer höheren Wahrscheinlichkeit stärker frequentiert, da man in CM-Systeme ohne viel Mehraufwand neue Inhalte einpflegen kann. So sind immer die aktuellsten Inhalte auf der Webpräsenz verfügbar und das Angebot wird so für den Kunden attraktiver und positiver aufgenommen, im Gegensatz zu einer veralteten Präsenz mit überholten Inhalten. Es sollte auch hervorgehoben werden, dass man mit einem CMS in der Regel mit jedem Computer, welcher einen Internetzugang besitzt, die Webpräsenz verwalten und administrieren kann.

Eigentlich kommt kein Unternehmen, welches sich in dieser Zeit erfolgreich am Markt positionieren möchte, an einem CMS vorbei. Im Vergleich zu älteren Technologien bieten CM-Systeme nicht mehr wegzudenkende Vorteile an. Wenn ein WCMS intelligent eingesetzt wird, kann es zu einer effizienten Kostensenkung im Bereich des Personals und der Infrastruktur kommen. Besonders bei Open-Source Content-Management-Systemen können Kosten gespart werden, da die Schulungsmaterialen für Mitarbeiter meistens kostenlos online verfügbar sind und immer auf den aktuellsten Stand gebracht werden.

Flexibilität, Leistungsfähigkeit, Effizienz und auch eine sehr gute Integrierbarkeit – diese und auch noch mehr Vorteile sind gute Argumente, die für den Einsatz eines WCMS sprechen. Im Bereich der Content-Management-Systeme werden in naher und auch in ferner Zukunft viele neue Innovationen eine wichtige Rolle spielen und das zukünftige Internet prägen.

8.0 Anhang

8.1 Literaturverzeichnis

Anja Ebersbach, Markus Glaser, Radovan Kubani. *Joomla! 1.5 - Das umfassende Handbuch.* Bonn: Galileo Computing, 2009.

Hal Stern, David Damstra, Brad Williams. *Professional Wordpress Design and Development.* Indianapolis: Wiley Publishing Inc., 2010.

Leary, Stephanie. *Beginning Wordpress 3 - Make great Websites the easy way.* New York: apress, 2010.

Schürmann, Tim. *Joomla! - Websites erweitern und optimieren.* Köln: Oreilly, 2009.

8.2 Internetverzeichnis

- http://www.kmu.admin.ch/themen/00292/00294/00298/index.html?lang=de (05-11-2010)
- http://www.cm4u.net/cms/53-0-Was-ist-Content.html (05-11-2010)
- http://en.wikipedia.org/wiki/Content_management (05-11-2010)
- http://de.wikipedia.org/wiki/System (05-11-2010)
- http://en.wikipedia.org/wiki/Web_template (05-11-2010)
- http://en.wikipedia.org/wiki/Web_content_management_system (05-11-2010)
- http://www.contentmanager.de/magazin/artikel_971_cross_media_publishing_integrierte_loesung.html (03-01-2011)
- http://www.joomla.org (04-01-2011)
- http://www.gnu.org/ (06-01-2011)
- http://wordpress.org/ (06-01-2011)
- http://wordpress.org/download/counter/ (06-01-2011)
- http://w3techs.com/technologies/overview/content_management/all (06-01-2011)
- http://de.wikipedia.org/wiki/Wordpress (06-01-2011)
- http://codex.wordpress.org/Administration_Panels (08-01-2011)
- http://moodle.org/ (08-01-2011)
- http://moodle.org/stats/ (08-01-2011)
- http://docs.moodle.org/en/Administrator_documentation (08-01-2011)
- http://docs.moodle.org/en/Getting_started_for_teachers (08-01-2011)
- http://de.wikipedia.org/wiki/Transport_Layer_Security (09-02-2011)
- http://www.seo-ranking-tools.de/ratgeber-url-design-aufbau.html (09-02-2011)
- http://www.google.de/trends (09-02-2011)
- http://de.wikipedia.org/wiki/Learning_Management_System (09-02-2011)

8.3 Markenhinweis

Joomla Copyright: ©2005-2011 Open Source Matters, Inc. All rights reserved.

Wordpress Copyright: GPLv2

Moodle Copyright: Moodle™ is a registered trademark of the Moodle Trust

Google Copyright: Google©, Google Trends© ist eine registrierte Handelsmarke von Google Inc.